NOTE

POUR LE

PROCÈS EN CONTREFAÇON

DE

CLERT CONTRE MAROT

NIORT
LITH. & TYP. Vᵛᵉ ECHILLET & FILS,
Rue du Pilori, 6.
1877

8° H 72
3

PROCÈS EN CONTREFAÇON.

CLERT contre MAROT.

Avant d'entrer dans l'examen des faits de ce procès nous croyons utile d'exposer sommairement les principes de notre législation en matière de découverte industrielle & de brevets d'invention.

Il nous suffira, pour cet utile préambule, de résumer les principales dispositions de la loi des 5-8 juillet 1844, sur les brevets d'invention.

Toute nouvelle découverte ou invention dans tous les genres d'industrie confère à son auteur, pour une durée de 5, 10 ou 15 ans, & moyennant une taxe annuelle de 100 fr., le droit exclusif d'exploiter à son profit la dite découverte ou invention.

Ce droit est constaté par des titres, délivrés par le gouvernement sous le nom de *brevets d'invention.* (Art. 1, 3 & 4).

Sont considérées comme inventions :

L'invention de nouveaux produits industriels ;

L'invention de nouveaux moyens ou *l'application nouvelle de moyens connus,* pour l'obtention d'un résultat ou d'un produit industriel. (Art. 2).

Tout industriel qui veut obtenir un brevet, doit adresser sa demande au ministre de l'agriculture et du commerce, en y joignant une description de son invention et les dessins nécessaires pour l'intelligence de cette description (Art. 5).

Toute personne peut, au ministère, avoir communication de ces pièces qui, à l'expiration du brevet, sont déposées au conservatoire des arts et métiers, en même temps que l'invention qu'ils constatent tombe dans le domaine public. (Art. 23 et 26).

Le breveté peut encourir la déchéance de ses droits dans certains cas prévus, notamment quand il n'acquit e pas son annuité avant le commencement de chacune des années de la durée de son brevet.

Enfin, le brevet délivré peut même, dès l'origine, être nul et de nul effet dans les hypothèses prévues par le législateur. Avant de les examiner, attachons-nous à bien définir la nature des inventions brevetables, le caractère essentiel des brevets et des additions qu'on y peut apporter.

Nous n'avons à nous occuper, dans l'espèce, que des inventions de nouveaux moyens ou de l'application nouvelle de moyens connus pour l'obtention d'un résultat industriel.

Il suffit de lire cette formule de l'art. 2 pour en tirer ce corollaire : Le résultat n'est pas brévetable en lui-même ; le moyen seul, la solution, peut être breveté. Autant de solutions différentes, antant d'inventions, autant de brevets.

Que faut-il entendre par moyens nouveaux? Ce sont des *agents*, des *organes* jusqu'alors inconnus.

Ce sont encore les *procédés*, c'est-à-dire les diverses façons de disposer et de combiner ces organes.

Que faut-il entendre par *application nouvelle ?*

Appliquer d'une manière nouvelle, c'est purement et simplement employer des moyens connus, tels qu'ils sont connus, pour en tirer un résultat différent de celui qu'ils avaient produit jusque-là.

Le breveté a, pendant toute la durée du brevet, le droit d'apporter à l'invention des changements., perfectionnements ou additions qui sont constatés par des certificats délivrés dans la même forme que le brevet principal et expirent avec lui.

La première condition de validité du brevet c'est la nouveauté de l'invention.

Rien de plus juste. Nous avons dit plus haut que le brevet conférait des droits exclusifs sur l'objet breveté. Or il serait injuste de conférer à quelqu'un des droits exclusifs si on ne pouvait les lui donner qu'en préjudiciant à des droits acquis à des tiers, soit que ces droits acquis dépendissent du domaine public, soit qu'il fissent partie d'un patrimoine privé.

L'article 31 définit par *a contrario* la nouveauté légale — Ne sera pas réputée nouvelle, toute découverte, invention ou application qui, en France ou à l'étranger et antérieurement au dépôt de la demande, aura reçu une publicité suffisante pour être exécutée

L'une des conditions essentielles de la validité d'un certificat *d'addition* (comme l'indique ce terme) c'est qu'il se rattache à l'objet du brevet.

A défaut de relation entre l'invention nouvelle et l'invention principale, le certificat d'addition est nul (Art 30,38). Cette règle est fort logique, car le certificat d'addition n'exigeant qu'une taxe de 20 fr. au lieu de 100 fr. comme le brevet principal, serait toujours sollicité de préférence à celui-ci. au grand préjudice du trésor public.

Pour mettre en lumière la pensée de la loi, citons un exemple emprunté à la jurisprudence.

La cour de Paris a jugé, le 20 juillet 1867, que lorsqu'un brevet est pris pour un organe spécial d'un appareil, il y a nullité du certificat d'addition qui est pris pour un perfectionnement apporté à un autre organe du même appareil.

Le certificat d'addition est encore nul lorsque le brevet principal, auquel il se rattache, est lui-même entaché de nullité.

Nous avons dit quels étaient les droits de l'inventeur, le caractère des brevets d'invention et des certificats d'addition, ainsi que les conditions de validité auxquelles ces titres sont soumis.

Toute atteinte portée aux droits du breveté, soit par la fabrication de produits, *soit par l'emploi de moyens faisant l'objet de son brevet,* constitue le délit de CONTREFAÇON.

La contrefaçon implique donc :

1° Un inventeur en possession d'un brevet ou à la fois d'un brevet et de certificats d'addition valables et en vigueur ;

2° La similitude entre l'objet argué de

contrefaçon et l'objet breveté.

Tel est le double *criterium* de la contrefaçon

Ces règles et ces définitions, textuellement empruntées à la loi et à des arrêts, étaient nécessaires pour l'intelligence de la cause.

Nous allons maintenant entrer dans le récit et dans la discussion des faits.

Les trieurs, on le sait, sont des machines qui ont pour but la séparation des graines étrangères du blé auquel elles se trouvent mêlées.

Dans le principe, ces instruments se composaient de cylindres en fil de fer ou en tôle perforée; et, si imparfaits que fussent les résultats obtenus, on les employait, faute de mieux, à la préparation des grains qu'on voulait confier au sol.

Vers 1852, un minotier de Lyon, M. Vachon inventa, ou plutot mit en pratique, un nouveau système de trieur dont le cylindre était composé d'une tôle épaisse d'un millimètre et demi environ et perforée de trous ronds; ce cylindre, recouvert extérieurement d'une tôle unie, présentait alors à l'intérieur autant de petites cellules qu'il y avait de trous de perforation; au centre était placée une dalle dans laquelle une hélice était mise en mouvement par la rotation même du cylindre. *(Fig. 1)*

Il résultait de cette disposition, que les graines rondes et les petits blés s'enmagasinaient dans ces cellules ou alvéoles, que, dans le mouvement de rotation elles étaient enlevées jusqu'à la perpendiculaire d'où elles tombaient dans la dalle, pour être charriées à l'extrémité par l'hélice ; le gros blé, trop long pour se loger dans les cellules, suivait la pente du cylindre jusqu'à la rencontre d'une sortie ménagée à une certaine distance. *(Fig. 1)*

D'abord breveté, ce système du triage des graines rondes par les alvéoles, tomba par je ne sais quelle cause dans le domaine public.

Le principe trouvé, deux constructeurs se rencontrèrent dans cette nouvelle idée, de faire par le même procédé la séparation du froment d'avec les graines longues telles que les orges et les avoines ; ils avaient imaginé de faire précéder le cylindre à graines rondes existant déjà, d'un cylindre à plus gros alvéoles, mais du reste de dispositions identiques.

Ce nouveau cylindre mis en tête du premier, recevait le froment mélangé d'orges, d'avoines et de graines rondes de tous calibres ; les orges et les avoines qui, en raison de leur longueur ne pouvaient être captées, suivaient la pente jusqu'au trou de sortie ménagé entre les deux cylindres, tandis que le froment et les graines rondes montés dans la dalle par les gros alvéoles, etaient conduits par l'hélice dans le cylindre que nous avons décrit d'abord, et dont le but était la séparation des graines rondes petites et moyennes d'avec le blé.   *Fig.* (2)

Nous avons dit que deux constructeurs s'étaient rencontrés dans cette même idée, qui en definitive n'etait que l'extension de la première; et, dans l'impossibilité où chacun d'eux était d'établir la priorité, ce nouvel organe qui, s'il eût été l'œuvre d'un seul, fut devenu sans nul doute l'objet d'un brevet, tomba de même que le premier dans le domaine public.

J'étais l'un des deux constructeurs, *M. Clert ne fabriquait pas encore le Trieur.*

De ces deux cylindres, *tous deux du domaine public,* le premier à gros alvéoles séparait du froment les graines longues telles que les orges & les avoines.

Le second à alvéoles plus petits séparait du froment les graines rondes petites & moyennes, mais fatalement aussi enlevait les petits blés qui suivaient le même canal que les graines. (*Fig.* 2).

Ce résultat déjà important ne satisfaisait pas encore l'agriculteur soucieux de la pureté de ses semences; c'est, qu'en effet, les pierres, les mottes de terres, les gros pois, les gesses sauvages, les ivraies restaient encore avec le froment le plus gros.

En 1858, j'imaginai & fis breveter un appareil de cribles à mouvement de trépidation adapté aux trieurs. Cet appareil qui, placé immédiatement à la chute de la trémie, retenait, à l'aide de son crible supérieur, toutes les impuretés & les graines rondes d'un calibre supérieur au froment lui-même, laissait passer au travers de son crible inférieur l'ivraie & la poussière. Tout ce déchet tombait dans un tiroir placé sous les cribles; le froment à moitié épuré déjà passait entre les deux et allait se parfaire dans les cylindres. *(Fig. 3)*.

Plus tard, en 1864, il me parut nécessaire de joindre un appareil destiné à reprendre les petits blés mêlés aux graines rondes, déchet du second cylindre, *(Fig.2)* qu'on était obligé de travailler à nouveau pour en retirer, très imparfaitement encore, le petit blé. Pénétré de cette idée, qu'un travail continu qui donnerait du même coup les graines exemptes de bons grains & les blés exempts de mauvaises graines, réaliserait un véritable progrès, j'ajoutai aux deux précédents un troisième cylindre de 40 centimètres à peine de longueur, à alvéoles légèrement plus petits encore. Le résultat fut complet, & pour ce cylindre je pris un certificat d'addition en 1864, *(Fig. 4.)*

Le petit blé, repris par ce 3e cylindre, n'étant jamais d'une grande pureté, en raison de l'excessive quantité de graines auxquelles il était précédemment mêlé, je conseillais dans mes prospectus de le rejeter sur le tas de blé à nettoyer. On arrivait ainsi à la fin du tas, sans autre déchet que celui des graines elles-mêmes, *puisqu'elles étaient exemptes de bons grains.*

En résumé, en 1864, le TRIEUR MAROT était composé :

1° D'un appareil de cribles à mouvement de trépidation, séparant du froment l'ivraie, la poussière, les impuretés & les graines rondes plus grosses que le froment ;

2° D'un premier cylindre à gros alvéoles qui en séparait les graines longues, avoines & orges;

3° D'un deuxième cylindre à alvéoles moyens qui séparait du froment les graines rondes, moyennes & petites, mais qui du même coup enlevait aussi une notable quantité de petits blés;

4° D'un troisième cylindre à alvéoles légèrement plus petits encore qui, réservant les petits blés, rendait à son extrémité les graines rondes exemptes de bons grains.

Ces trois cylindres reliés n'en forment qu'un seul. (*Fig. 4*)

En 1874,

Monsieur Clert prit un brevet pour le dédoublement facultatif d'un appareil trieur composé :

1° D'un cylindre à gros alvéoles ;

2° D'un cylindre à alvéoles moyens.

Il est à remarquer que ces deux cylindres compris dans l'appareil trieur de M. Clert étaient, de même que dans le mien du *domaine public* & que cet appareil ne se distinguait des autres systèmes de trieurs, comme il le dit lui-même dans sa description, que par la faculté de se séparer en deux parties. (*Fig. 5.*)

En 1875,

Monsieur Clert obtient un certificat d'addition pour une reprise automatique dont le but est de reprendre les petits blés mêlés aux graines rondes.

Cette reprise automatique se compose :

1° Du cylindre imaginé par Marot en 1864.

2° D'une roue à godets qui se charge des petits blés reservés par ce cylindre.

3° D'une dalle et d'une hélice à pas à gauche destinée à ramener ces petits blés en tête du cylindre à alvéoles moyens.

Il est encore essentiel de remarquer que le cylindre de reprise, seul organe qui donne ce résultat de la reprise du petit froment et rend les graines rondes exemptes de bons grains, *n'est pas l'invention de M. Clert.* (*Fig..6*).

M. Clert a seulement appliqué la roue à godets qui se charge des petits blés réservés par ce cylindre et l'hélice à pas à gauche, qui les ramène en tête.

Ce procédé procure une économie d'environ cinq minutes par 12 h. mais les frais de construction, sont augmentés de 20 fr. par instrument.

On comprendra facilement en effet que la somme de blé remonté par l'appareil automoteur, étant forcément égale à celle reçue dans la caisse que l'on déversait à la main, quatre ou cinq fois par jour, sur le tas à nettoyer, il ne saurait y avoir d'autre économie que celle du temps employé à cette simple opération.

Quoiqu'il en fût, si mince profit que ce résultat dût donner, je voulus opposer à M. Clert un résultat identique. Mais avant de fabriquer, je consultai son brevet de 1874 et son certificat d'addition de 1875 ; je pus me convaincre que le brevet de 1874, pris par Clert pour son trieur à dédoublement facultatif, était nul par le fait de la publicité donnée à l'instrument antérieurement au dépôt de sa demande, je constatai tout au moins que la demande de brevet avait été faite postérieurement au délai de trois mois accordé pour les machines exposées dans un concours public; Clert, en effet, avait exposé son trieur à dédoublement facultatif aux concours régionaux de Tours et de Versailles en Mai, 1873.

Je remarquai encore le défaut de relation entre l'idée brévetée du dédoublement facultatif de son trieur et l'idée de la reprise continue pour laquelle il avait obtenu un certificat d'addition, défaut de relation emportant la nullité.

Le dédoublement facultatif, en effet, avait été créé pour faciliter le transport de l'instrument, & la reprise continue qui se rattachait essentiellement au travail obtenu par l'instrument lui-même, n'était évidemment ni un perfectionnement ni une addition à l'idée du brevet principal (le dédoublement facultatif), et, par suite, ne pouvait être protégée que par un brevet principal à taxe annuelle de cent francs. Il devait paraître plus commode d'obtenir cette protection par un certificat d'addition coûtant 20 fr. une fois donnés.

Une comparaison fera comprendre quand existe ou non la relation entre le brevet principal et le certificat d'addition et apprécier la sagesse de cette prescription de la loi dont la violation entraîne, comme pénalité, la nullité du certificat d'addition.

Sur une locomotive, d'un système tombé dans le domaine public, je prends un brevet pour un appareil destiné à séparer instantanément la locomotive en marche des wagons qu'elle entraine.

Plus tard j'invente, applicable à cette même locomotive, un système de fourneau économique de combustible.

Un certificat d'addition, pris pour cette seconde invention, pourrait-il être valable ? Evidemment non.

L'idée du fourneau économique n'étant ni un perfectionnement ni une addition à l'idée du brevet principal, de débrayage, mais bien le perfectionnement d'un autre organe de la locomotive, elle ne saurait être elle-même protégée que par un brevet principal.

Il en serait autrement, si j'avais ajouté à l'appareil de débrayage, tel organe qui anéantirait du même coup l'impulsion communiquée aux wagons ; ou bien encore si j'étais breveté pour l'invention de la locomotive elle-même dans tout son ensemble.

Or, dans l'espèce, nous avons démontré que M. Clert n'est pas l'inventeur des trieurs à alvéoles mais seulement de leur dédouble ment facultatif auquel, je le répète, la reprise continue n'est ni une addition ni un perfectionnement.

Je pus me convaincre encore que M. Clert, qui, certes avait le droit de prendre mon-cylindre de reprise désormais tombé dans le domaine public, et de s'en servir comme tous

le pouvaient faire, l'avait en effet ramassé,
mais, chose inouïe, qu'il l'avait fait breveter
comme sien, et signalait *tous les autres sytèmes
de trieurs* comme privés de ce cylindre à l'aide
duquel il obtenait lui, ce résultat qualifié — *de
nouveau — c'est-à-dire les graines rondes exem
ptes de bons grains.*

Ceci résulte du mémoire descriptif et des
dessins annexés au certificat d'addition de
M. Clert.

En raison des faits que je signale, je
pouvais dès lors invoquer la nullité du brevet
Clert, Ce moyen me répugnait, et je pris le
parti d'appliquer à mon cylindre de reprise, un
appareil différent du sien, pour arriver à un
résultat identique, c'est-à-dire au transport en
tête du second cylindre du petit blé repris aux
graines rondes.

C'est en 1876, au concours d'Orléans, que
M. Clert commença une série de récriminations
contre celui qu'il appelait son contrefacteur,
récriminations qu'il continua aux concours d'Ar-
ras et de Rouen, de la même année, et, en 1877,
à ceux de Meaux, d'Angoulême et d'Angers.
Dans cette dernière ville, il eût enfin la témérité
de faire saisir mes instruments avec l'assistance
d'un mécanicien expert désigné par justice ;
mais comme cet expert, à sa grande déception,
termina son rapport par cette conclusion :

« *On ne peut dire que M. Marot a contrefait
l'appareil de M. Clert, puisqu'il n'est ni sem-
blable, ni semblablement disposé* » Il éprouva le
besoin de faire pratiquer, sans plus de résultats,
une seconde saisie au concours de Lyon.

Monsieur Clert, qui d'abord revendiquait
l'exploitation exclusive du *résultat, le monopole
de l'idée*, paraissant aujourd'hui vouloir plaider
la similitude de nos appareils rameneurs Il
importe de les décrire, d'en montrer les figures,
et d'examiner, en les rapprochant, les organes
dont chacun d'eux se compose.

J'ai dit, et on peut s'en rendre compte par le
dessin de la Fig. 6, que l'appareil rameneur de
M. Clert, se composait d'une roue à godets qui
se chargeait du blé laissé par le cylindre de reprise, que, par le mouvement de rotation, elle le
montait dans un chenal supérieur, parallèle à
celui existant déjà, et qu'une hélice à pas à
gauche conduisait ce blé en tête du second
cylindre.

L'appareil rameneur qui chez moi produit
ce même résultat, est simplement un tunnel
ondulé, ou serpentin enroulé à l'extérieur du
cylindre, recevant le blé par une bouche appli-
quée à sa partie inférieure et le remontant par
le seul fait de la rotation. *(Fig. 7)*.

Outre que, *de visu*, la dissemblance est
frappante entre les deux appareils, il est facile,

en détaillant leurs organes et leur fonctionne-
ment, de rendre plus saisissantes encore les
différences qui les distinguent.

L'APPAREIL CLERT se compose de :

1° Une roue à godets élevatoire.

2° Un chenal

3° Une hélice.

4° Un pignon.

5° Deux supports.

L'appareil entier est complètement indé-
pendant du cylindre et fonctionne à l'intérieur
d'une façon continuelle

L'APPAREIL MAROT se compose d'un
seul organe„ un serpentin s'enroulant autour du
cylindre auquel il est solidaire; il est extérieur,
& fonctionne d'une façon intermittente, puisque sa bouche ne se charge des grains que cha-
que fois que le mouvement de rotation l'amène
à la partie inférieure.

Veut-on une preuve indiscutable de leur
dissemblance? Essayons par la pensée de les
substituer l'un à l'autre en les transposant,
mettons à l'intérieur du cylindre l'appareil
Marot il devient impossible, puisque non-
seulement il enraye le jeu des trappes, mais
encore qu'il paralyse en les couvrant, un quart
des alvéoles du cylindre.

Par contre, mettons l'appareil Clert à l'extérieur: il ne saurait fonctionner qu'à l'aide de

nouveaux organes plus nombreux que ceux existant déjà.

Revenons à l'un des cas de nullité signalés plus haut, celui qui consiste dans l'attribution que M. Clert s'est faite du cylindre de reprise inventé par moi et tombé dans le domaine public.

Il est évident que par ce fait il a frustré le droit des tiers, qu'il ne pouvait faire breveter le CYLINDRE DE REPRISE (*moyen ancien*) pour obtenir les GRAINES EXEMPTES DE BON BLÉ, (*résultat connu*) que son invention consistait en sa ROUE A GODETS ET SON HÉLICE A PAS A GAUCHE, (*moyens anciens,*) à l'aide desquels il obtenait le TRANSPORT DU PETIT BLÉ EN SENS INVERSE (*résultat nouveau*) ; que son brevet en un mot, devait commencer là où le domaine public prenait fin.

Une comparaison rendra tangible cette démonstration.

Supposons un système de pétrin mécanique tombé dans le domaine public, Tous connaissent aujourd'hui cette machine qui a pour but la suppression des bras pour la trituration de la pâte.

Je greffe sur ce pétrin un appareil nouveau pour obtenir les pains en forme et leur conduite à la bouche du four: aurais-je le droit de faire bréveter, pour ce résultat nouveau, le pétrin mécanique donnant ce résultat ancien, la trituration de la pâte? Évidemment non! Car s'il en était ainsi, nul ne pourrait fabriquer le pétrin mécanique, même sans son appareil automoteur, puisque la loi est formelle sur ce point, *qu'il n'est pas nécessaire, pour établir la contrefaçon, que les organes du brevet aient été copiés dans tout leur ensemble mais seulement en partie.* Or, si par impossible un pareil brevet était sanctionné, le premier inventeur de ce système de pétrin pourrait être condamné comme contrefacteur........ de ses propres œuvres.

En terminant, disons que M. Clert produit aujourd'hui dans les concours et combat son *contrefacteur* avec un instrument qui se décompose ainsi :

1º L'appareil de cribles à mouvement de trépidation *inventé par Marot en 1858 ;*

2º Les deux cylindres à alvéoles *inventés avant que Clert ne s'occupât de la fabrication des trieurs ;*

3º Le cylindre de reprise *inventé par Marot en 1864 et pris par Clert en 1875.*

Il est juste de dire qu'il reste à son actif ces deux idées importantes :

Avoir coupé son instrument en deux,

Avoir retourné une hélice.

Si convaincu que je fusse de la dissemblance

de l'appareil à l'aide duquel j'obtenais un résultat identique au résultat obtenu par Clert,
une action en contrefaçon était chose assez
grave, au point de vue de l'honorabilité, pour
qu'il m'importât d'établir non - seulement
cette dissemblance, mais encore de discuter la
valeur des documents qu'on m'opposait, et
de faire l'historique de la machine, afin d'éta
blir, d'une façon évidente la part qui revient à
chacun dans les perfectionnements apportés,
& de détruire enfin, par la production des
brevets, des allégations de priorité qui
n'étaient qu'un audacieux mensonge

J. MAROT, aîné.

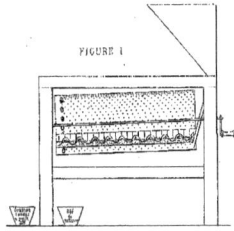

FIGURE 1

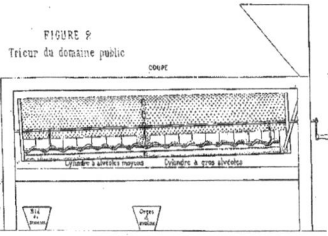

FIGURE 2
Trieur du domaine public

COUPE

Cylindre à alvéoles moyens   Cylindre à gros alvéoles

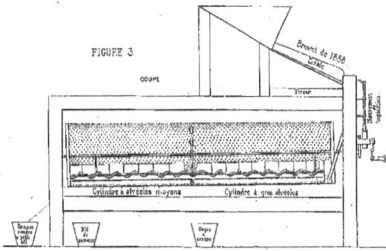

FIGURE 3

COUPE

Cylindre à alvéoles moyens   Cylindre à gros alvéoles

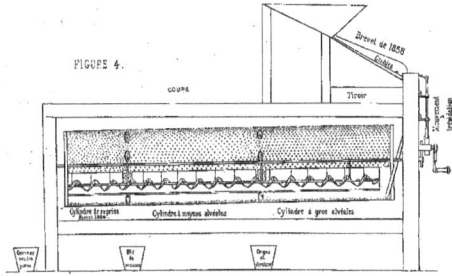

FIGURE 4.

COUPE

Tiroir

Cylindre trés petits   Cylindre à moyens alvéoles   Cylindre à gros alvéoles

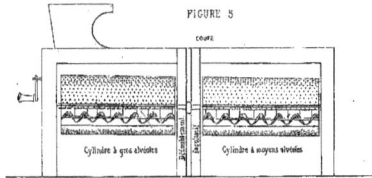

FIGURE 5

COUPE

Cylindre à gros alvéoles   Cylindre à moyens alvéoles

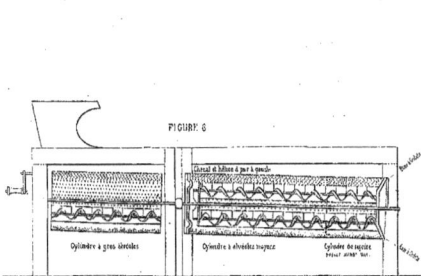

FIGURE 6

Cheval et bêtes à per à queue

Cylindre à gros alvéoles   Cylindre à alvéoles moyens   Cylindre de petits

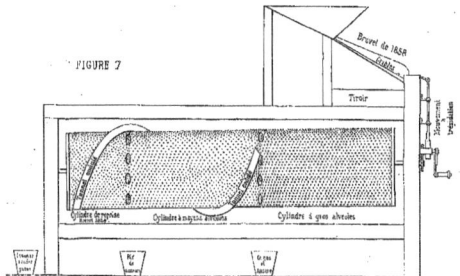

FIGURE 7

Tiroir

Cylindre trés petits   Cylindre à moyens alvéoles   Cylindre à gros alvéoles

www.ingramcontent.com/pod-product-compliance
Lightning Source LLC
Chambersburg PA
CBHW070156200326
41520CB00018B/5419